KB086563

토익 기본기 완성   Week 02

인물 사진 빈출 동사 표현 ❷

Part 1 인물 사진 문제에서 자주 나오는 동사 표현들을 가능한 한 많이 익혀 두세요. 음원을 듣고 큰 소리로 따라 읽으며 외우는 것이 좋습니다.

■ 놓다, 두다

placing[loading] boxes onto a cart
상자를 짐수레에 싣고 있다

unloading a box from a vehicle
차량에서 상자를 내리고 있다

putting food onto a plate
음식을 접시에 담고 있다

■ 걷다

walking on a street
길을 걷고 있다

crossing a street
길을 건너고 있다

pushing a cart
카트를 밀고 있다

walking up the stairs
계단을 오르고 있다

cf. walking down the stairs
　계단을 내려가고 있다

■ 타다

boarding a bus
버스에 탑승하고 있다

getting into a car
자동차에 탑승하고 있다

riding a bicycle
자전거를 타고 있다

■ 착용하다, 들다

wearing a hat
모자를 착용한 상태이다

carrying a backpack
배낭을 메고 있다

holding a cup
컵을 들고 있다

wearing sunglasses
선글라스를 쓴 상태이다

·········· wear: 착용하고 있는 상태
put on: 착용하는 동작

Quiz 음원을 듣고 사진을 바르게 묘사한 문장이면 O, 아니면 X에 표시하고, 빈칸을 채워보세요.

1

(A) A woman is _____ [O X]
some stairs.

(B) A woman is _____ a briefcase. [O X]

2

(A) The man is _____ a [O X]
jacket.

(B) The man is _____ eyeglasses. [O X]

│ 정답 및 해설 p. 23

Practice

정답 및 해설 p. 23

오늘 배운 내용을 바탕으로 연습문제를 풀어 보세요.

1

2

3

4

5

Today's VOCA

▲ MP3 바로듣기

01 attend ★★★★
어텐(드) [əténd]
동 참석하다

attend tomorrow's meeting
내일 회의에 참석하다

02 immediately ★★★★
이미디엇(틀)리 [imíːdiətli]
부 즉시, 당장

in order to activate your membership
immediately
회원권을 즉시 활성화시키기 위해

03 particular ★★★
퍼ㄹ티큘러ㄹ [pərtíkjulər]
형 특정한, 특별한, 개인의 명 세부사항

based on one's expertise in a **particular**
area
특정 분야에 있어서의 전문성을 기반으로

04 hold ★★★
호울(드) [hould]
동 (행사를) 열다, 개최하다, 보유하다

hold a feedback meeting
의견을 듣는 회의를 열다

05 propose ★★★
프뤄포우즈 [prəpóuz]
동 제안하다

if you have ideas you would like to
propose
제안하고 싶은 아이디어가 있다면

06 upcoming ★★★
업커밍 [ʌ́pkəmiŋ]
형 다가오는, 곧 있을

inquire about the **upcoming** renovation
곧 있을 개조 공사에 대해 문의하다

07 finally ★★★
빠이널리 [fáinəli]
부 마침내, 드디어

be **finally** accepted by the management
경영진에 의해 마침내 수락되다
파 final 형 최종적인, 마지막의

08 innovative ★★★
이너붸이팁 [ínəveitiv]
형 혁신적인, 획기적인

design an **innovative** advertising
campaign
혁신적인 광고 캠페인을 기획하다

명사 ❸

▲ 강의 바로보기

📖 사람명사 vs. 행위명사

토익에서는 명사를 고르는 문제에서 선택지에 두 개 이상의 명사가 제시되기도 합니다. 보통 두 개의 명사가 [사람명사 - 행위명사], [가산명사 - 불가산명사] 조합으로 제시되므로 각 유형에 속하는 명사의 특성을 알고 구분할 수 있어야 합니다. 가산명사와 불가산명사 유형은 다음 Day에서 학습하고, 이번 Day에서는 사람명사와 행위명사를 배우겠습니다.

■ 해석 없이 사람명사 vs. 행위명사 구분

사람명사와 행위명사를 구분할 때 수 일치를 적극 활용하면 해석을 할 필요가 없습니다. 사람명사는 셀 수 있는 가산명사이기 때문에 앞에 부정관사가 없거나 복수형이 아닌 경우, 문법적으로 틀리기 때문에 해석을 하지 않아도 오답인 것을 쉽게 알 수 있습니다. 따라서 나머지 보기를 정답으로 고르면 됩니다.

·········· An attendee 또는 Attendees로 사용해야 돼요.

[Attendee / **Attendance**] at the annual conference was higher than expected.
연례 컨퍼런스 참석자 수가 예상보다 더 많았다.

The bank provides financial [assistant / **assistance**] to first-time homebuyers.
그 은행은 첫 주택 구매자들에게 재정적 도움을 제공한다.

·········· an assistant 또는 assistants로 사용해야 돼요.

■ 해석으로 사람명사 vs. 행위명사 구분

반대로, 사람명사와 행위명사를 구분할 때 문법으로 풀리지 않는 경우는 빈칸 주변에 있는 힌트를 먼저 찾아야 합니다. 특히, 동사가 정답의 단서가 될 확률이 매우 높습니다. 해석을 통해 동사와 의미가 자연스럽게 연결되는 명사를 정답으로 고르면 됩니다.

┄┄┄┄┄ 동사 hire는 사람을 목적어로 취해야 하므로 사람명사를 골라야 해요.

We intend to **hire** three more [consultation / **consultants**] next year.
우리는 내년에 세 명의 상담사를 더 채용할 계획이다.

 **5초 단축비법**

토익 최빈출 사람명사 - 행위명사 짝꿍

아래 단어들은 토익에서 자주 출제되는 사람명사 - 행위명사입니다. 빈출되는 조합을 암기해두면 수 일치를 따지거나 해석을 하는 시간을 절약할 수 있어 문제풀이 시간을 아낄 수 있습니다.

applicant 지원자 - application 지원
attendee 참석자 - attendance 참석자 수
consultant 상담사 - consultation 상담
supervisor 감독관 - supervision 감독
supporter 지지자 - support 지지

assistant 보조직원 - assistance 보조
advisor 조언자 - advice 조언
inspector 점검자 - inspection 점검
instructor 강사 - instruction 설명

오늘 배운 내용을 바탕으로 연습문제를 풀어 보세요.

1 If you receive a faulty product, call 493-3844 for technical -------.

(A) supported   (B) supporter
(C) support   (D) supportive

memo

2 ------- must present photo identification at the entrance.

(A) Apply   (B) Applies
(C) Applicants   (D) Application

3 According to our policy, the plant managers perform an ------- once a week.

(A) inspection   (B) inspect
(C) inspector   (D) inspected

4 Please contact the customer service department for further -------.

(A) assist   (B) assistance
(C) assisting   (D) assistant

5 If you wish, you may come to our office for a discussion with our -------.

(A) consults   (B) consulted
(C) consultant   (D) consultation

Today's VOCA

01 clearly ★★★
클리얼리 [klíərli]
㉻ 명확하게, 분명히

describe the nature of the problem **clearly**
문제의 본질을 명확하게 기술하다

02 briefly ★★
브릷(쁠)리 [brí:fli]
㉻ 간략하게, 잠시

briefly review the results
결과를 간략하게 검토하다

03 primarily ★★
프라이메륄리 [praimérəli]
㉻ 주로

often travel to China, **primarily** to
Shanghai 중국에 자주 가는데, 주로 상하이에 간다
⑭ **primary** ⑱ 주된, 중요한

04 presentation ★★
프레전테이션 [prezəntéiʃən]
⑲ 발표, 제시, (선물·상) 증정

presentation about the new software
새 소프트웨어에 대한 발표

05 concerning ★★
컨써ㄹ닝 [kənsə́:rniŋ]
㉓ ~에 관한

further information **concerning** the
conference schedule
컨퍼런스 일정에 관한 추가적인 정보

06 rapidly ★★
래핏(을)리 [rǽpidli]
㉻ 빠르게, 신속히

the **rapidly** growing field
빠르게 성장하는 분야

07 advantage ★★
앳봰티쥐 [ædvǽntidʒ]
⑲ 우위, 장점, 유리한 점

have significant competitive **advantage**
상당한 경쟁 우위를 가지다

08 report ★★
뤼퍼ㄹ웃 [ripɔ́:rt]
⑲ 보고서 ⑧ 보고하다

submit a progress **report**
진행 보고서를 제출하다

인물 사진 빈출 동사 표현 ❸

▲ MP3 바로듣기

▲ 강의 바로보기

Part 1에서 2인 이상이 등장하는 사진 문제는 회당 2~3개 정도 출제됩니다. 주로 모임이나 대화, 이동하고 있는 상황, 야외나 식당, 상점 등의 상황이 등장합니다.

■ 2인 이상 사진에 잘 나오는 인물의 동작/상태 표현

waiting in line
줄 서서 기다리다

listening to a lecturer
강연을 듣고 있다

attending a presentation
발표에 참석하다

facing each other
서로 마주보고 있다

talking to each other
서로 이야기하고 있다

dining[eating] at a restaurant
식당에서 식사 중이다

eating a meal
식사 중이다

resting on a bench
벤치에서 쉬고 있다

sitting on a bench
벤치에 앉아 있다

shaking hands
악수하고 있다

walking outside
야외에서 걷고 있다

walking on a path
오솔길을 걷고 있다

working in an office
사무실에서 일하고 있다

greeting each other
서로 인사하고 있다

점수 UP 2인 이상 사진이 나오면 이렇게

❶ 등장인물의 공통 동작 및 상태를 빠르게 확인
  → 모두 앉아 있다

❷ 등장인물의 개별 동작 및 상태를 빠르게 확인
  → 두 남자가 악수하고 있다, 한 여자가 안경을 쓰고 있다

❸ 사진에 나온 사물/배경의 특이한 사항이 있는지 확인
  → 테이블 위에 머그, 노트북 컴퓨터

주의 서로의 동작을 바꿔 묘사하거나, 개별 동작인데 모두에게 해당하는 것처럼 묘사한 오답에 주의하세요.

Quiz 음원을 듣고 사진을 바르게 묘사한 문장이면 O, 아니면 X에 표시하고, 빈칸을 채워보세요.

1

(A) Some travelers are _____ in line. [O X]

(B) One of the people is _____ a suitcase. [O X]

2

(A) The men are _____ near each other. [O X]

(B) The men are _____ hats. [O X]

정답 및 해설 p. 25

Practice

정답 및 해설 p. 26

오늘 배운 내용을 바탕으로 연습문제를 풀어 보세요.

정답 및 해설 p. 26

▲ MP3 바로듣기

▲ 강의 바로보기

1

2

3

4

5

Today's VOCA

01 various ★★
붸어뤼어스 [vέəriəs]
형 여러 가지의, 다양한

combine information from **various** sources
다양한 자료로부터 나온 정보를 종합하다
파 **vary** 동 다양하다, 변하다

02 advise ★★
앳봐이즈 [ædváiz]
동 권고하다, 조언하다, 충고하다, 자문하다

be **advised** to register in advance
미리 등록하도록 권고되다
파 **advice** 명 충고

03 suggestion ★★
써줴스천 [səgdʒéstʃən]
명 제안, 제시, 암시

seek **suggestions** from
~로부터 제안을 구하다

04 conference ★
칸퍼뤈스 [kánfərəns]
명 컨퍼런스, 회의, 협의회

attend **conferences** regularly
정기적으로 컨퍼런스에 참석하다

05 impress ★
임프뤠스 [imprés]
동 감동시키다, 인상을 주다

be **impressed** by Mr. Smith's presentation
스미스 씨의 발표에 감동하다
파 **impressive** 형 인상적인

06 clear ★
클리어ㄹ [kliər]
형 명확한, 맑은 동 치우다, 맑아지다

clear instructions
명확한 설명

07 strongly ★
스추륑리 [strɔ́:ŋli]
부 적극적으로, 강력하게

be **strongly** encouraged to do
~할 것이 적극적으로 권고되다

08 explain ★
익스플레인 [ikspléin]
동 설명하다, 해명하다

explain the new policy to staff members
직원들에게 새로운 정책을 설명하다
파 **explanation** 명 설명, 해명

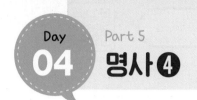

📖 가산명사 vs. 불가산명사

영어에서 명사는 크게 가산명사와 불가산명사로 나뉠 수 있습니다. 가산명사는 말 그대로 셀 수 있는 명사이고, 불가산명사는 셀 수 없는 명사입니다.

■ 가산명사

가산명사는 셀 수 있기 때문에 하나를 나타내는 단수명사, 둘 이상을 나타내는 복수명사로 나뉩니다. 단수명사 앞에는 부정관사 a 또는 an이 오고, 복수명사는 끝에 -s 또는 -es가 붙습니다.

I will meet with **a client** from Detroit.
나는 디트로이트에서 오신 고객 한 분을 만날 것이다.

We offer a one-hour free consultation for potential **customers**.
저희는 잠재 고객님들에게 1시간 무료 상담을 제공합니다.

3초 퀴즈

We reserved a ------- three weeks ago.

(A) room
(B) rooms

■ 불가산명사

불가산명사는 기쁨 같은 추상적인 개념이나 행위, 물같이 셀 수 없는 물질 등을 가리키는 명사입니다. 셀 수 없기 때문에 단수명사 앞에 오는 부정관사가 붙지 않으며, -(e)s를 붙여 복수명사를 만들 수도 없습니다.

Access to confidential information is restricted to senior management.
기밀 정보에 대한 접근은 고위 경영진에게 한정되어 있다.

5초 단축비법

토익 명사 족보 완벽 정리

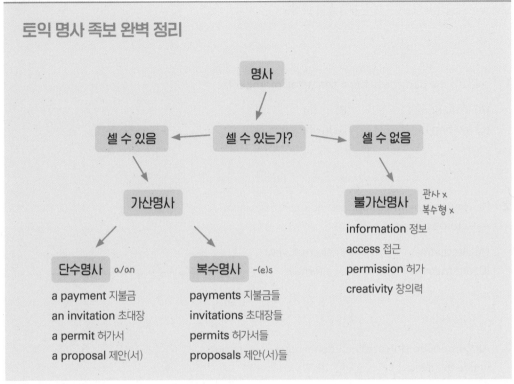

명사

↓

셀 수 있음 ← 셀 수 있는가? → 셀 수 없음

셀 수 있음
↓
가산명사
↓   ↓

단수명사 a/an   **복수명사** -(e)s

a payment 지불금   payments 지불금들
an invitation 초대장   invitations 초대장들
a permit 허가서   permits 허가서들
a proposal 제안(서)   proposals 제안(서)들

셀 수 없음
↓
불가산명사 관사 x
복수형 x

information 정보
access 접근
permission 허가
creativity 창의력

▲ 강의 바로보기

오늘 배운 내용을 바탕으로 연습문제를 풀어 보세요.

1 ------- to the party have been sent to all members.

(A) Invitations   (B) Invite
(C) Inviting   (D) Invitation

memo

2 Dr. Hayat sometimes suggests acupuncture as an ------- to medication.

(A) alternative   (B) alternatively
(C) alternatives   (D) alternate

3 All Cambridge University students have ------- to our online archives.

(A) access   (B) accesses
(C) accessible   (D) accessed

4 The ------- was extremely beneficial to our firm.

(A) surveys   (B) surveying
(C) surveyed   (D) survey

5 Only a few employees have ------- to view the file.

(A) permitted   (B) permission
(C) permit   (D) permissive

Today's VOCA

▲ MP3 바로듣기

---

01 conclude ★

컨클루웃 [kənklúːd]

图 종료하다, 결론 내리다

conclude on May 31
5월 31일에 종료하다

---

02 source ★

써ㄹ스 [sɔːrs]

⊞ 원천, 근원, 출처

the main **source** of inspiration
영감을 얻는 주요 원천

---

03 speech ★

스뻬-취 [spiːtʃ]

⊞ 연설

deliver a **speech**
연설하다

---

04 contrary ★

칸추뤠뤼 [kántreri]

⊞ 상반되는 ⊞ 반대되는 것

contrary to what we expected
우리가 기대했던 것과 상반되는

---

05 schedule ★★★★

스께줄[skédʒuːl] / 쉐줄 [ʃédʒuːl]

⊞ 일정 图 일정을 잡다

arrive on **schedule**
일정대로 도착하다

---

06 nearly ★★★★

니얼리 [níərli]

⊞ 거의

nearly impossible
거의 불가능한

---

07 location ★★★

로우케이션 [loukéiʃən]

⊞ 지점, 장소, 위치

open a new **location** in New York
뉴욕에 새로운 지점을 열다

🔄 **located** ⊞ 위치한

---

08 limited ★★★

리미팃 [límitid]

⊞ 제한된, 한정된

remain open for a **limited** time only
제한된 시간 동안만 문을 열다

🔄 **limit** 图 제한하다, 한정하다 ⊞ 제한, 한도

VOCA

• 단어와 그에 알맞은 뜻을 연결해 보세요.

1 hold •

2 impress •

3 concerning •

• (A) 감동시키다, 인상을 주다

• (B) (행사를) 열다, 개최하다, 보유하다

• (C) ~에 관한

• 다음 빈칸에 알맞은 단어를 선택하세요.

4 in order to activate your membership -------
회원권을 즉시 활성화시키기 위해

5 inquire about the ------- renovation
곧 있을 개조 공사에 대해 문의하다

(A) clearly
(B) upcoming
(C) immediately

6 describe the nature of the problem -------
문제의 본질을 명확하게 기술하다

• 실전 문제에 도전해 보세요.

7 During the meeting, Mr. Kim ------- ideas for expanding the headquarters.

(A) proposed   (B) advised

(C) attended   (D) scheduled

8 Mr. Evans has been working for Westwood Enterprises for ------- 25 years.

(A) briefly   (B) rapidly

(C) finally   (D) nearly

한 주 동안 학습한 내용을 적용하여 기출변형 문제들을 풀어 보세요.

▲ MP3 바로듣기　　▲ 강의 바로보기

1

2

3

4

5

DAY 05

Weekly Test

한 주 동안 학습한 내용을 적용하여 기출변형 문제들을 풀어 보세요.

▲ 강의 바로보기

1   Mr. Ferguson is requesting ------- in the training of the recently hired sales representatives.

(A) assistant
(B) assist
(C) assisted
(D) assistance

2   Digital Warehouse has ------- on various electronic devices until the end of August.

(A) discounted
(B) discount
(C) discountable
(D) discounts

3   People who were seeking ------- in the IT industry were able to have many interviews at the career fair.

(A) employable
(B) employment
(C) employee
(D) employs

4   Subscribers to the Journal of Biochemistry get free ------- to the archive of research papers.

(A) accessing
(B) accessed
(C) access
(D) accesses

5   ------- of the results of the experiment shows that our new motor oil contains no harmful substances.

(A) Analyst
(B) Analysis
(C) Analyze
(D) Analytical

6   Mr. Church's sense of ------- helps him to successfully negotiate contracts with important clients.

   (A) professionalism
   (B) professionally
   (C) professionalize
   (D) profession

7   Romantic Cruises has set the standard for ------- on cruise ships with a wide range of cultural events.

   (A) to entertain
   (B) entertained
   (C) entertainer
   (D) entertainment

8   Executives considered online ------- to be the most efficient way to reach its targeted consumers.

   (A) market
   (B) marketable
   (C) marketed
   (D) marketing

9   Internal ------- for top executives will be delivered to the executive secretary rather than to a central mailbox.

   (A) correspondent
   (B) corresponds
   (C) correspondence
   (D) corresponding

10 ------- in touch screen technology have allowed electronics companies to develop screens that are more responsive.

   (A) Advanced
   (B) Advancing
   (C) Advancement
   (D) Advances

Week **02**

정답 및 해설

Day 01 인물 사진 빈출 동사 표현 ❷

Quiz

1.

(A) A woman is <u>walking down</u> some stairs. [O]
(B) A woman is <u>carrying</u> a briefcase. [O]

(A) 한 여자가 계단을 내려가고 있다.
(B) 한 여자가 서류 가방을 들고 있다.

어휘 **walk down stairs** 계단을 내려가다 **carry** ~을 휴대하다, 가지고 다니다 **briefcase** 서류 가방

2.

(A) The man is <u>putting on</u> a jacket. [O]
(B) The man is <u>wearing</u> eyeglasses. [X]

(A) 남자가 재킷을 착용하는 중이다.
(B) 남자가 안경을 쓴 상태이다.

어휘 **put on** ~을 입다, 착용하다 **eyeglasses** 안경

Practice

1. (C)   **2.** (D)   **3.** (C)   **4.** (B)   **5.** (C)

1.

(A) A woman is watering some flowers.
(B) A woman is preparing food.
(C) A woman is holding a pen.
(D) A woman is putting on a sweater.

(A) 한 여자가 꽃에 물을 주고 있다.
(B) 한 여자가 음식을 준비하고 있다.
(C) 한 여자가 펜을 들고 있다.
(D) 한 여자가 스웨터를 착용하는 중이다.

정답 (C)
해설 (A) 여자가 꽃에 물을 주는 동작을 하고 있지 않으므로 오답.
　　 (B) 여자가 음식을 준비하는 동작을 하고 있지 않으므로 오답.
　　 (C) 여자가 펜을 들고 있는 자세를 취하고 있으므로 정답.
　　 (D) 여자가 스웨터를 착용하는 동작을 하는 것이 아니라 이미 착용한 상태이므로 오답.
어휘 **water** v. ~에 물을 주다 **prepare** ~을 준비하다 **hold** ~을 들고 있다, 붙잡다 **put on** (동작) ~을 착용하다, 입다

2.

(A) The man is unloading boxes.
(B) The man is painting doors.
(C) The man is crossing a street.
(D) The man is pushing a cart.

(A) 남자가 박스를 내리고 있다.
(B) 남자가 문을 페인트칠하고 있다.
(C) 남자가 길을 건너고 있다.
(D) 남자가 카트를 밀고 있다.

정답 (D)

해설 (A) 남자가 박스를 내리는 동작으로 하고 있지 않으므로 오답.
(B) 남자가 문에 페인트를 바르는 동작을 하고 있지 않으므로 오답.
(C) 남자가 길을 건너고 있지 않으므로 오답.
(D) 남자가 카트를 밀면서 걸어가고 있는 동작을 하고 있으므로 정답.

어휘 unload (짐을) 내리다 paint v. ~에 페인트칠하다, 페인트를 바르다 cross 가로지르다, 건너다 push 밀다

3.

(A) Some people are opening suitcases.
(B) Some people are getting off a vehicle.
(C) A woman is getting into a train.
(D) A man is standing in the aisle.

(A) 몇몇 사람들이 여행 가방을 열고 있다.
(B) 몇몇 사람들이 차량에서 내리고 있다.
(C) 한 여자가 기차에 탑승하고 있다.
(D) 한 남자가 통로에 서 있다.

정답 (C)

해설 (A) 사진에 보이는 두 사람이 여행 가방을 손에 들고 있으므로 오답.
(B) 사진에 보이는 두 사람은 기차에 올라타려고 하고 있으므로 오답.
(C) 여자가 기차 안으로 들어가려 하고 있으므로 정답.
(D) 남자가 서 있는 곳은 통로가 아닌 기차역의 승강장이므로 오답.

어휘 suitcase 여행 가방 get off ~에서 내리다, ~에서 떠나다 get into ~에 탑승하다, ~에 들어가다 aisle 통로

4.

(A) The woman is reading a book.
(B) The woman is putting a book on the shelf.
(C) The woman is moving a bookcase.
(D) The woman is placing some books onto a cart.

(A) 여자가 책을 읽고 있다.
(B) 여자가 책꽂이에 책을 놓고 있다.
(C) 여자가 책장을 옮기고 있다.
(D) 여자가 몇몇 책을 카트에 놓고 있다.

정답 (B)

해설 (A) 책을 읽고 있지 않으므로 오답.
(B) 오른손으로 책을 책꽂이에 꽂고 있는 듯한 모습이므로 정답.
(C) 책장을 옮기는 모습이 아니므로 오답.
(D) 카트는 보이지 않으므로 오답.

어휘 put ~을 놓다 shelf 선반 move ~을 옮기다 bookcase 책장 place ~을 놓다 onto ~ 위로

5.

(A) They are watching TV.
(B) They are having a meal.
(C) A woman is holding a card.
(D) A man is wearing a hat.

(A) 사람들이 TV를 보고 있다.
(B) 사람들이 식사를 하고 있다.
(C) 한 여자가 카드를 들고 있다.
(D) 한 남자가 모자를 쓰고 있다.

정답 (C)

해설 (A) 두 사람은 노트북 컴퓨터 화면을 보고 있으므로 오답.
(B) 두 사람은 식사를 하고 있지 않으므로 오답.
(C) 여자가 카드를 손에 쥐고 있으므로 정답.
(D) 남자가 모자를 착용하고 있지 않으므로 오답.

어휘 watch ~을 지켜보다 have a meal 식사를 하다 hold ~을 들고 있다 hat 모자

Day 02 명사 ❸

Practice

1. (C)	2. (C)	3. (A)	4. (B)	5. (C)

1.

정답 (C)

해석 만약 결함이 있는 제품을 받으신다면, 기술 지원을 위해 493-3844로 전화주십시오.

해설 빈칸 앞에 형용사가 있으므로 빈칸은 명사 자리이다. 선택지 중 명사는 (B) supporter와 (C) support인데, 빈칸 앞에 관사가 없으므로 행위명사 (C) support가 정답이다. supporter는 사람명사이므로 관사와 함께 쓰거나 복수형으로 써야 한다.

어휘 receive ~을 받다 faulty 결함이 있는 product 제품 call 전화하다 technical 기술의 support v.~을 지원하다 n. 지원 supporter 지지자 supportive 지원하는

2.

정답 (C)

해석 지원자들은 입구에서 사진이 부착된 신분증을 제시해야 한다.

해설 빈칸 뒤에 동사가 있으므로 빈칸은 주어 자리이다. 따라서 명사가 필요한데, 선택지 중 명사는 (C) Applicants와 (D) Application이다. 신분증을 제시할 수 있는 것은 사람이므로 사람명사 (C) Applicants가 정답이다.

어휘 present ~을 제시하다 photo identification 사진이 부착된 신분증 entrance 입구 apply 지원하다 applicant 지원자 application 지원

3.

정답 (A)

해석 우리 정책에 따르면, 공장 관리자들은 주에 1회씩 점검을 수행한다.

해설 빈칸이 타동사 뒤에 있으므로 빈칸은 명사 목적어 자리이다. 선택지 중 명사는 (A) inspection과 (C) inspector인데, 관리자가 수행할 수 있는 것은 점검하는 행위이므로 행위명사 (A) inspection이 정답이다.

어휘 according to ~에 따르면 policy 정책 plant 공장 manager 관리자 perform ~을 수행하다 inspection 점검 inspect ~을 점검하다 inspector 점검자

4.

정답 (B)

해석 추가적인 도움을 위해 고객 서비스 부서로 연락주십시오.

해설 빈칸 앞에 형용사가 있으므로 빈칸은 명사 자리이다. 선택지 중 명사는 (B) assistance와 (D) assistant인데, 빈칸 앞에 관사가 없으므로 행위명사 (B) assistance가 정답이다. 사람명사 assistant는 관사와 함께 쓰거나 복수형으로 쓰여야 한다.

어휘 contact 연락하다 customer 고객 department 부서 further 추가의 assist ~을 돕다 assistance 도움 assistant 조수

5.

정답 (C)

해석 원하신다면, 저희 상담사와의 논의를 위해 저희 사무실로 오셔도 됩니다.

해설 빈칸 앞에 소유격이 있으므로 빈칸은 명사 자리이다. 선택지 중 명사는 (C) consultant와 (D) consultation인데, 논의를 할 수 있는 것은 사람이므로 사람명사 (C) consultant가 정답이다.

어휘 wish 원하다 come to ~로 오다 office 사무실 discussion 논의 consult 상담하다 consultant 상담사 consultation 상담

Day 03 인물 사진 빈출 동사 표현 ❸

Quiz

1.

(A) Some travelers are waiting in line. [O]

(B) One of the people is carrying a suitcase. [O]

(A) 몇몇 여행자들이 줄 서서 기다리고 있다.

(B) 사람들 중 한 사람이 여행 가방을 가지고 있다.

어휘 traveler 여행자 wait in line 줄 서서 기다리다 carry ~을 지니다, 휴대하다 suitcase 여행 가방 near each other 서로 가까이에서

2.

(A) The men are <u>working</u> near each other. [O]
(B) The men are <u>wearing</u> hats. [X]

(A) 남자들이 서로 가까이 작업 중이다.
(B) 남자들이 모자를 쓰고 있다.

어휘 traveler 여행자 wait in line 줄 서서 기다리다 carry ~을
지니다, 휴대하다 suitcase 여행 가방 near each other
서로 가까이에서

Practice

1. (C)	2. (B)	3. (C)	4. (D)	5. (A)

1.

(A) They are sitting outside.
(B) They are taking notes.
**(C) One of the women is holding a piece of
paper.**
(D) One of the women is using a laptop.

(A) 사람들이 실외에 앉아 있다.
(B) 사람들이 필기하고 있다.
(C) 여자들 중 한 명이 종이 한 장을 들고 있다.
(D) 여자들 중 한 명이 노트북 컴퓨터를 사용하고 있다.

정답 (C)
해설 (A) 사진 속의 두 여자는 실외가 아니라 실내에 앉아 있으므로
오답.
(B) 사진 속의 두 여자는 필기하고 있지 않으므로 오답.
(C) 사진 속 두 여자 중 왼쪽 여자가 종이를 들고 있으므로 정
답.
(D) 사진 속에는 노트북 컴퓨터가 없으므로 오답.

어휘 outside 밖에 take notes 필기하다 a piece of paper

2.

(A) They're shaking hands.
(B) They're walking on a path.
(C) They're carrying some plants.
(D) They're looking at each other.

(A) 사람들이 악수하고 있다.
(B) 사람들이 길에서 걷고 있다.
(C) 사람들이 몇몇 식물을 나르고 있다.
(D) 사람들이 서로 바라보고 있다.

정답 (B)
해설 (A) 사진 속 두 사람이 악수하는 동작을 하는 것이 아니므로
오답.
(B) 사진 속 두 사람이 함께 길을 걷는 동작을 하고 있으므로
정답.
(C) 사진 속 두 사람이 물건을 나르는 동작을 하는 것이 아니
므로 오답.
(D) 사진 속 두 사람이 서로 바라보는 자세를 취하고 있지 않
으므로 오답.

어휘 shake hands 악수하다 path 길, 통행로 carry ~을
나르다, 갖고 다니다, 휴대하다 plant 식물 look at ~을 보다
each other 서로

3.

(A) They're talking on the phone.
(B) One of the men is putting on his jacket.
(C) They're walking down some stairs.
(D) They're holding onto a railing.

(A) 사람들이 전화 통화를 하고 있다.
(B) 남자들 중 한 명이 재킷을 착용하는 중이다.

(C) 사람들이 걸어서 계단을 내려가고 있다.

(D) 사람들이 난간을 붙들고 있다.

정답 (C)

해설 (A) 사람들이 전화 통화하는 자세를 취하고 있지 않으므로 오답.

(B) 남자 한 명이 재킷을 착용하는 동작을 하는 것이 아니라 이미 착용한 상태(wearing)이므로 오답.

(C) 사람들이 함께 걸어서 계단을 내려가는 동작을 하고 있으므로 정답.

(D) 사람들이 난간을 붙들고 있지 않으므로 오답.

어휘 put on (동작) ~을 착용하다 walk down ~을 걸어서 내려가다 stairs 계단 hold onto ~을 꼭 붙들다

4.

(A) They're greeting each other.

(B) They're leaving an office.

(C) One of the women is giving a presentation.

(D) Some people are wearing headsets.

(A) 사람들이 서로 인사를 하고 있다.

(B) 사람들이 사무실을 떠나고 있다.

(C) 여자들 중 한 사람이 발표를 하고 있다.

(D) 몇몇 사람들이 헤드셋을 착용하고 있다.

정답 (D)

해설 (A) 사람들이 인사하는 동작을 하고 있지 않으므로 오답.

(B) 사람들은 모두 사무실 책상에 앉아 있고 떠나는 것이 아니므로 오답.

(C) 여자들 모두 책상에 앉아 컴퓨터 화면을 쳐다보고 있으므로 오답.

(D) 사람들 중 몇 명이 헤드셋을 착용하고 작업 중이므로 정답.

어휘 greet 인사하다 leave ~을 떠나다 give a presentation 발표하다, 보고하다 headset 헤드셋(마이크가 달린 헤드폰)

5.

(A) They're dining at a restaurant.

(B) They're listening to a lecturer.

(C) They're resting on a bench.

(D) They're preparing some food.

(A) 사람들이 식당에서 식사 중이다.

(B) 사람들이 강연자의 말을 듣고 있다.

(C) 사람들이 벤치에서 쉬고 있다.

(D) 사람들이 음식을 준비하고 있다.

정답 (A)

해설 (A) 사람들이 식당에 있는 음식이 놓인 테이블에 둘러 앉아 식사 중임을 알 수 있으므로 정답.

(B) 사람들 중 한 명이 강연을 하고 있는 것이 아니므로 오답.

(C) 사람들이 벤치에 앉아 있는 것이 아니므로 오답.

(D) 음식은 테이블 위에 놓여져 있고 사람들은 앉아 있는 것으로 보아 음식을 준비하는 것이 아니므로 오답.

어휘 dine 식사하다 listen to ~의 말을 듣다, ~을 듣다 rest on ~에서 쉬다 prepare 준비하다

Day 04 명사 ❹

3초 퀴즈

정답 (A)

해석 우리는 객실 하나를 3주 전에 예약했습니다.

해설 부정관사 a 뒤에는 가산 단수명사가 와야 하므로 (A) room 이 정답이다.

어휘 reserve ~을 예약하다 ago ~전에

Practice

1. (A)	2. (A)	3. (A)	4. (D)	5. (B)

1.

정답 (A)

해석 파티 초대장이 모든 회원들에게 발송되었다.

해설 문장 맨 앞에 빈칸이 있고, 그 뒤에 동사가 있으므로 빈칸은 문장의 주어 자리이다. 따라서 명사가 들어가야 하는데, 선택지 중 명사는 (A) Invitations 와 (D) Invitation이다. 동사인 have been sent는 복수동사이므로 복수명사인 (A) Invitations가 정답이다.

어휘 invitation 초대(장) be sent to ~에게 발송되다 member 회원 invite 초대하다

2.

정답 (A)

해석 하야트 박사는 때때로 침술을 의약품에 대한 대안으로 제안한다.

해설 빈칸 앞에 부정관사가 있으므로 빈칸은 명사 자리이다. 선택지 중 명사는 (A) alternative와 (C) alternatives인데, 부정관사 뒤에는 단수명사가 올 수 있으므로 (A) alternative가 정답이다.

어휘 sometimes 때때로 suggest ~을 제안하다 acupuncture 침술 medication 의약품 alternative 대안, 대체품 alternatively 그 대신에 alternate a. 교체의 v. 번갈아 나오다

3.

정답 (A)

해석 모든 캠브리지 대학 학생들은 온라인 기록보관소에 대한 접근권을 가진다.

해설 빈칸 앞에 타동사가 있으므로 빈칸은 목적어 자리이다. 따라서 빈칸에는 명사가 들어갈 수 있는데, 선택지에 제시된 명사 access는 불가산명사이므로 (A) access가 정답이다.

어휘 university 대학 student 학생 have access to ~에 접근할 수 있다 archive 기록보관소 access n. 접근권 v. 접근하다 accessible 접근 가능한

4.

정답 (D)

해석 설문 조사는 우리 회사에 대단히 유익했다.

해설 빈칸 앞에 정관사가 있으므로 빈칸은 명사 자리이다. 선택지 중 명사는 (A) surveys와 (D) survey인데, 빈칸 뒤에 있는 동사 was가 단수동사이므로 단수명사인 (D) survey가 정답이다.

어휘 extremely 대단히, 극도로 beneficial 유익한 firm 회사 survey n. 설문 조사 v. 설문 조사를 하다

5.

정답 (B)

해석 오직 몇몇의 직원들만 그 파일을 볼 수 있는 허가를 갖고 있다.

해설 빈칸 앞에 타동사가 있으므로 빈칸은 목적어 자리이다. 따라서 명사가 들어가야 하는데, 선택지 중 명사는 (B) permission과 (C) permit이다. 빈칸 앞에 관사가 없고,

permission은 불가산명사이며 permit은 가산명사이므로 (B) permission이 정답이다.

어휘 only 오직 ~만 a few 몇몇의 employee 직원 have permission 허가를 갖다 view ~을 보다 permit v. ~을 허가하다 n. 허가증 permission 허가 permissive 관대한

Day 05 Weekly Test

VOCA

1. (B)	2. (A)	3. (C)	4. (C)	5. (B)
6. (A)	7. (A)	8. (D)		

7.

해석 회의 동안, 김 씨는 본사를 확장하기 위한 아이디어들을 제안했다.

해설 빈칸에는 회의 동안에 김 씨가 아이디어에 대해 했던 행동을 나타내는 어휘가 필요하다. 따라서 '제안하다'라는 뜻의 (A) proposed가 정답이다.

어휘 during ~동안 meeting 회의 expand ~을 확장하다 headquarters 본사 propose ~을 제안하다 advise 조언하다 attend 참석하다 schedule 일정을 잡다

8.

해석 에반스 씨는 웨스트우드 사에서 약 25년 동안 근무해왔다.

해설 빈칸 뒤에 기간 표현이 있으므로 기간 표현 앞에 사용하면서 '약, 대략'의 뜻을 가진 (D) nearly가 정답이다.

어휘 work 일하다, 근무하다 enterprise 회사 briefly 간략하게 rapidly 빠르게 finally 결국 nearly 약, 대략

LC

1. (D)	2. (C)	3. (A)	4. (B)	5. (B)

1.

(A) She is resting on a couch.

(B) She is setting a table.

(C) She is planting some flowers.

(D) She is placing a vase on a table.

(A) 여자가 소파에서 쉬고 있다.

(B) 여자가 식탁을 차리고 있다.

(C) 여자가 꽃을 심고 있다.

(D) 여자가 테이블에 화병을 놓고 있다.

정답 (D)

해설 (A) 여자는 소파에 앉아 있지 않으므로 오답.

(B) 여자는 식탁을 차리는 동작을 하고 있지 않으므로 오답.

(C) 여자는 꽃을 심고 있는 동작을 하고 있지 않으므로 오답.

(D) 여자는 유리로 된 화병을 들고 테이블에 놓으려고 하고 있으므로 정답.

어휘 rest 쉬다, 휴식하다 couch 소파, 긴 의자 set a table 식탁을 차리다 plant v. ~을 심다 place v. ~을 놓다, ~을 두다 vase 화병

2.

(A) The man is riding a bicycle.

(B) The woman is holding a jacket.

(C) They're walking down the stairs.

(D) They're facing each other.

(A) 남자가 자전거를 타고 있다.

(B) 여자가 재킷을 들고 있다.

(C) 사람들이 계단을 내려가고 있다.

(D) 사람들이 서로 마주보고 있다.

정답 (C)

해설 (A) 남자는 자전거를 들고 있으며 타고 있지 않으므로 오답.

(B) 여자가 손에 재킷을 들고 있지 않으므로 오답.

(C) 남자와 여자 둘 다 계단을 내려가고 있으므로 정답.

(D) 남자와 여자는 서로 쳐다보고 있지 않으므로 오답.

어휘 ride ~을 타다 hold ~을 잡다, 들다 face ~을 향하다 each other 서로

3.

(A) Some people are listening to a lecturer.

(B) Some people are standing in line.

(C) A presenter is writing on a whiteboard.

(D) One of the people is raising a hand.

(A) 몇몇 사람들이 강연자의 강연을 듣고 있다.

(B) 몇몇 사람들이 줄 지어 서 있다.

(C) 발표자가 화이트보드에 쓰고 있다.

(D) 사람들 중 한 명이 손을 들고 있다.

정답 (A)

해설 (A) 앞에 나와 서 있는 사람이 설명하는 것을 사람들이 듣고 있으므로 정답.

(B) 강연자를 제외하고 다른 사람들은 앉아 있으므로 오답.

(C) 발표자는 화이트보드를 가리키고 있으므로 오답.

(D) 사진 속에 손을 든 사람이 없으므로 오답.

어휘 listen to ~의 말을 듣다, ~을 듣다 in line 줄 서서, 줄지어 presenter 발표자 raise ~을 들어올리다

4.

(A) The women are looking at a piece of paper.

(B) The women are working near each other.

(C) One of the women is typing on a keyboard.

(D) One of the women is writing on a notepad.

(A) 여자들이 종이 한 장을 보고 있다.

(B) 여자들이 서로 가까이서 일하고 있다.

(C) 여자들 중 한 명이 키보드로 타자를 치고 있다.

(D) 여자들 중 한 명이 노트에 쓰고 있다.

정답 (B)

해설 (A) 두 여자 모두 컴퓨터 화면을 보고 있으므로 오답.

(B) 두 여자가 가까이 앉아서 일하고 있으므로 정답.

(C) 두 여자 모두 키보드로 타자를 치는 모습이 아니므로 오

답.

(D) 노트에 쓰고 있는 사람은 없으므로 오답.

어휘 look at ~을 보다 a piece of paper 종이 한 장 near 가까이 type 타자를 치다 notepad 노트

5.

(A) The women are shaking hands.

(B) The women are greeting each other.

(C) The women are getting out of a building.

(D) One of the women is handing an item to the other one.

(A) 여자들이 악수를 하고 있다.

(B) 여자들이 서로 인사를 하고 있다.

(C) 여자들이 건물에서 나가고 있다.

(D) 여자들 중 한 명이 다른 여자에게 물건을 건네주고 있다.

정답 (B)

해설 (A) 여자들은 악수를 하고 있지 않으므로 오답.

(B) 여자들이 손을 흔들며 서로에게 인사를 하고 있으므로 정답.

(C) 여자들이 건물에서 나오고 있지 않으므로 오답.

(D) 여자들 중에 물건을 건네 주는 사람은 없으므로 오답.

어휘 shake hands 악수하다 greet 인사하다 get out of ~에서 나가다 hand v. ~을 건네주다, 넘겨주다

RC

1. (D)	2. (D)	3. (B)	4. (C)	5. (B)
6. (A)	7. (D)	8. (D)	9. (C)	10. (D)

1.

정답 (D)

해석 퍼거슨 씨가 최근에 채용된 영업직원들을 대상으로 한 교육에 대해 도움을 요청하고 있다.

해설 동사 뒤에 빈칸이 있으므로 빈칸은 동사의 목적어 즉, 명사 자리이다. 선택지 중 명사는 (A) assistant와 (D) assistance인데 빈칸 앞에 부정관사가 없으므로 행위명사인 (D) assistance가 정답이다.

어휘 request ~을 요청하다 training 교육, 훈련 recently 최근에 hire ~을 고용하다 sales representative 영업직원 assistant 조수 assist 도움을 주다 assistance 도움

2.

정답 (D)

해석 디지털 웨어하우스는 8월 말까지 다양한 전자기기 제품에 대해 할인을 해준다.

해설 동사 뒤에 빈칸이 있으므로 빈칸은 명사 자리이다. 선택지 중 명사는 (B) discount와 (D) discounts인데, 빈칸 앞에 부정관사가 없으므로 복수명사 (D) discounts가 정답이다.

어휘 various 다양한 electronic 전자의 device 기기 until ~까지 discount n. 할인 v. ~을 할인하다 discountable 할인할 수 있는

3.

정답 (B)

해석 IT 업계에서 고용 기회를 찾고 있는 사람들은 구직 박람회에서 많은 면접을 볼 수 있었다.

해설 빈칸 앞에 동사가 있으므로 빈칸은 동사의 목적어 자리 즉, 명사 자리이다. 선택지 중 명사는 (B) employment와 (C) employee인데, 동사 seek가 '찾다'라는 뜻이므로 사람들이 박람회에서 찾는 대상 즉, 행위명사가 와야 한다. 따라서 '고용, 취업'을 뜻하는 (B) employment가 정답이다.

어휘 seek ~을 찾다 industry 업계 be able to do ~할 수 있다 have interviews 면접을 보다 career 구직 fair 박람회 employable 채용하기에 적합한 employment 고용, 취업 employee 직원 employ ~을 채용하다

4.

정답 (C)

해석 생화학 저널지를 정기 구독하는 사람들은 연구 논문 보관소를 무료로 이용할 수 있다.

해설 빈칸 앞에 형용사가 있으므로 빈칸은 명사 자리이다. 명사 access는 불가산명사이므로 (C) access가 정답이다.

어휘 subscriber 정기 구독 신청자 get free access 무료 이용 자격이 있다 archive (문서 등의) 보관소, 저장소 research 연구 paper 논문

5.

정답 (B)

해석 실험 결과의 분석은 우리 회사의 새 자동차 오일제품에는 유해 물질이 전혀 들어 있지 않다는 것을 보여준다.

해설 빈칸은 주어 자리이므로 명사가 들어가야 한다. 선택지 중 명사는 (A) Analyst와 (B) Analysis인데, 빈칸 앞에 부정관사가 없으므로 행위명사 (B) Analysis가 정답이다.

어휘 result 결과 experiment 실험 show ~을 보여주다